Michèle GARABÉDIAN   Magdeleine LERASLE   Sylvie MEYER-DREUX

CAHIER D'ACTIVITÉS

Illustrations

Christian Arnould
René Cannella
Yves Guézou

CLE
international

27, rue de la Glacière. 75013 Paris.

TRAMPOLINE

Dans le cahier d'activités

tu travailles

○

seul

△
○

avec le maître
ou la maîtresse

△
○

avec le maître et
les élèves de la classe

tu cherches

tu te souviens

tu lis

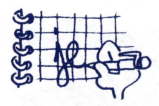

tu écris

tu dessines

tu colories

© CLE INTERNATIONAL, 1991 ISBN 2-19-033522-3

tu fabriques, tu fais…

tu dis, tu parles,
tu racontes, tu chantes,
tu récites, tu expliques
aux autres élèves…

tu dis dans ta tête

tu choisis

tu relies

tu complètes

tu compares

Regarde. Lis les 2 pages. Souviens-toi.

Écris *Trampoline* _____

Dessine et colorie un personnage de la B.D.

Compare avec un ami. Explique aux autres élèves.

« La boîte à outils » 6

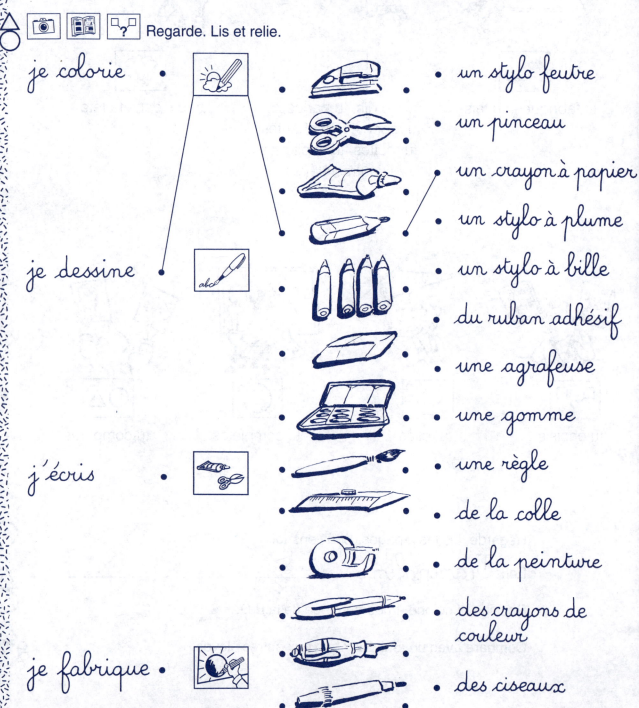

je colorie

je dessine

j'écris

je fabrique

un stylo feutre

un pinceau

un crayon à papier

un stylo à plume

un stylo à bille

du ruban adhésif

une agrafeuse

une gomme

une règle

de la colle

de la peinture

des crayons de couleur

des ciseaux

Dessine et colorie une **boîte de 6 crayons de couleur.**

Cherche. Complète. Écris.

un crayon à _____

un crayon de _____

un stylo _____

un stylo à _____

un stylo à _____

Dessine un **"outil"** de ta trousse.

Qu'est-ce que c'est? Écris : $\mathcal{C}'est$ ... _____

Dis-le dans ta tête.

Dis ce qu'il y a dans ta trousse aux autres élèves. Ne montre pas !
Les élèves dessinent ce que tu dis.

Il y a une gomme, une règle ...

Qui a tout dessiné ?

Tu fabriques ... une boîte à lettres

Tu fabriques avec
- un crayon
- une règle
- des ciseaux
- des feuilles de carton.

   Regarde. Lis et fabrique.

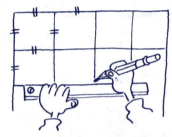

① Sur les feuilles de carton, fais des carrés avec une règle et un crayon.

② Avec des ciseaux, découpe les carrés.

③ Écris une lettre sur un carré.

④ Fais neuf étiquettes de la lettre [A]

⑤ Et encore...

boîte à lettres

⑥ Mets les 96 étiquettes de lettres dans une boîte. Écris « *boîte à lettres* » C'est ta boîte !

⑦ Sur une feuille, fais une grille : dessine 6 cases ⟶ et 6 cases

⑧ *Prends 36 lettres de la boîte à lettres. Mets une étiquette sur chaque case de la grille. Cherche des mots...*

Lis comme ça ⟶ et comme ça ↓

Regarde les lettres.

Cherche le mot du titre d'un livre.

Écris le titre :

_____

T	R	A	M	P	H
V	E	D	I	O	J
X	C	K	Q	L	R
B	J	Y	S	I	U
F	Z	E	F	N	X
G	N	R	W	E	H

Cherche des mots dans la grille de 36 lettres :
3 mots sont dans TRAMPOLINE. À quelles pages ?

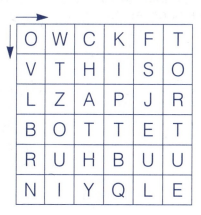

O	W	C	K	F	T
V	T	H	I	S	O
L	Z	A	P	J	R
B	O	T	T	E	T
R	U	H	B	U	U
N	I	Y	Q	L	E

1. **oui**... pages 7, 14

2. **jeu**... pages _____

3. **tortue**... page _____

À toi de jouer aux mots cachés avec ta boîte à lettres !
Montre au maître la grille et les mots écrits.

Mots croisés

Regarde l'exemple et explique aux autres élèves.

① → C'est **une fille** de la B.D.
Elle habite au 21, rue d'Alésia,
au 1er étage.

② → C'est **un garçon** de la B.D.
Il habite au 21, rue d'Alésia,
au 1er étage.

Souviens-toi. Entoure la définition du mot "VINCENT".

Lis les définitions. Cherche et complète avec les lettres de la boîte à lettres. Écris les mots dans les cases.

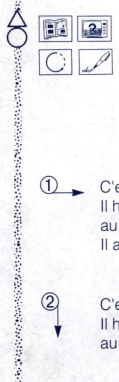

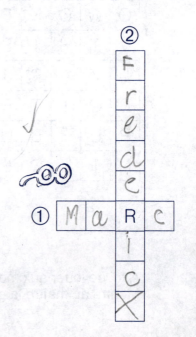

① → C'est **un garçon** de la B.D.
Il habite au 21, rue d'Alésia,
au 2e étage.
Il a des lunettes.

② → C'est **un garçon** de la B.D.
Il habite au 21, rue d'Alésia,
au 2e étage.

Lis les mots dans les cases.
Cherche et écris les définitions.

① ➤ C'est une fille
Elle h_____

② ↓

③ ↓

Mots croisés 1:

③ V (vertical)

① J U L I E
V I N C E N T
② M A R C
④ F R E D E R I C

④ ➤ _____

À toi !

① ➤ C'est **une fille** de la B.D.
Elle habite au 21, rue d'Alésia.

② ➤ C'est **une fille** de la B.D.
C'est l'amie de Vincent.

(Regarde dans TRAMPOLINE
page 14.)

③ ↓ C'est_____

Mots croisés 2:

③ C H A R L O T T E
② A_____
① J u l i e

(Regarde dans TRAMPOLINE page 14.)

Choisis des mots dans TRAMPOLINE, dans la "boîte à outils" page 4.
Fais des mots croisés avec les lettres.
Compare avec les autres élèves. Montre au maître.

... Attends la page 16 du cahier !

La rue

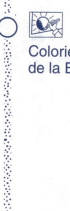

○ Colorie la page de la B.D.

Tu te souviens de la chanson de TRAMPOLINE ?

Chante la chanson dans ta tête et regarde la B.D.

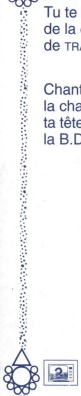

Cherche et trouve où habitent les enfants ? Dans quelle rue ?
À quel numéro ?

- 31, rue d'Alésia.

- 21, rue d'Alésia.

- 21, rue d'Alsace.

- 12, rue de la Librairie.

Entoure la bonne réponse.

L'étage

3e étage

2e étage

1er étage

Qui habite au 1er étage ? Entoure les noms.

Qui habite au 2e étage ? Entoure les noms.

Julie   chat   MAMAN   Vincent   Frédéric   Alésia   CHAT

Papa   Marc   Jako   Médora   Papa

 Compare tes réponses avec les autres élèves et explique aux autres.

Dans l'escalier

Colorie la page de la B.D.

Regarde Marc et Frédéric. Souviens-toi :

Descendre l'escalier 4 à 4.

Entoure l'image de la B.D. où Marc et Frédéric **descendent l'escalier quatre à quatre.**

Souviens-toi :   *se ressembler comme deux gouttes d'eau.*

Entoure l'image de la B.D. où Marc et Frédéric **se ressemblent comme deux gouttes d'eau.**

Sur une feuille, dessine 2 filles qui se ressemblent comme 2 gouttes d'eau.

Dans le cartable de Vincent

Dans les pages 12 et 13 :

tu cherches la tortue.

Tu colories la tortue avec 4 crayons de couleur :

1. avec le crayon 1… **dans** le cartable de Vincent.

2. avec le crayon 2… **dans** une boîte, **dans** le cartable de Vincent.

3. avec le crayon 3… **dans** la boîte.

4. avec le crayon 4… **sur** la table.

 Tu compares et tu expliques avec les autres élèves et le maître.

Titine

Regarde et dessine :

- la tortue **sur** la table.

- la tortue **dans** la boîte.

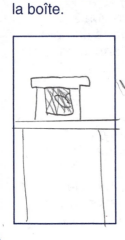

Entoure la bonne réponse :

Le numéro six, c'est Marc ou Frédéric ? Marc

Entoure l'image où les jumeaux font une farce à madame Purée.

Dis où est Titine ? (Titine) 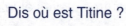 la
 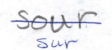
table

Jeu avec les chiffres

Tu colories **"un"** et **"trois"** avec un crayon de couleur. Tu colories **"deux"** et **"quatre"** avec un autre crayon de couleur.

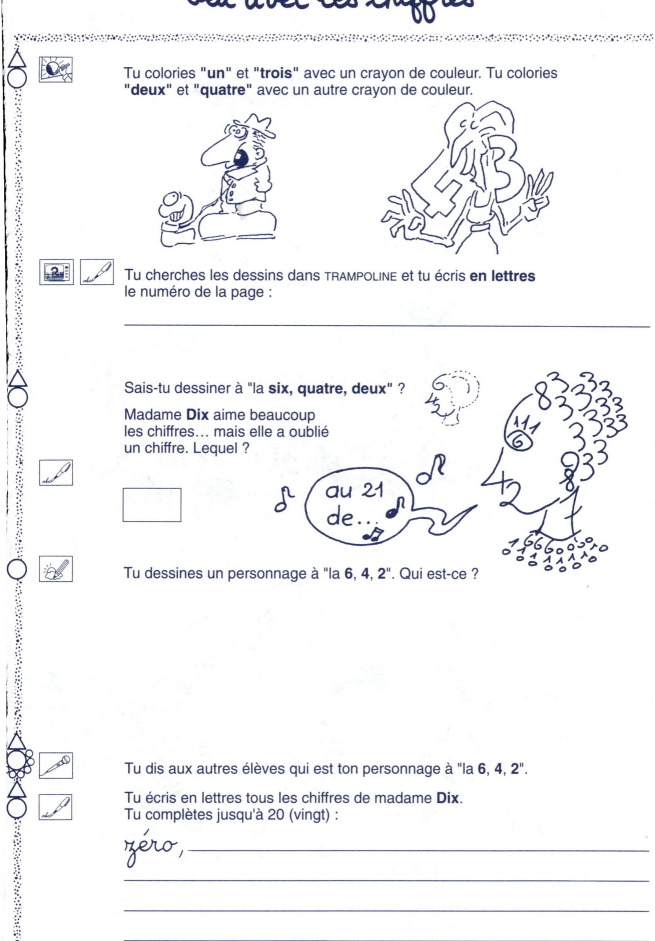

Tu cherches les dessins dans TRAMPOLINE et tu écris **en lettres** le numéro de la page :

_____

Sais-tu dessiner à "la **six, quatre, deux**" ?

Madame **Dix** aime beaucoup les chiffres… mais elle a oublié un chiffre. Lequel ?

au 21 de...

Tu dessines un personnage à "la **6**, **4**, **2**". Qui est-ce ?

Tu dis aux autres élèves qui est ton personnage à "la **6**, **4**, **2**".

Tu écris en lettres tous les chiffres de madame **Dix**.
Tu complètes jusqu'à 20 (vingt) :

zéro, _____

_____

_____

_____

Les boîtes de Trampoline

Pour la classe, fais 2 autres boîtes avec le maître.

① La boîte à mots-images.

② La boîte à malices.

 Pour toi, souviens-toi et (entoure) les bonnes réponses.

Qu'est-ce que c'est ?

- un cartable
- une trousse

Avec la boîte à lettres, tu fais :

- des mots
- des dessins
- des mots cachés
- des ciseaux
- des mots croisés

 Compare tes réponses avec les autres élèves.

Tu fabriques ... un carnet secret

Tu fabriques avec
- un crayon
- une règle
- une agrafeuse (ou de la colle)
- des crayons de couleur (ou des stylos feutres)
- une feuille en carton
- des feuilles de cahier
- du ruban (ou de la ficelle, ou un cordon)

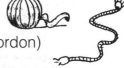

Tu lis la page.

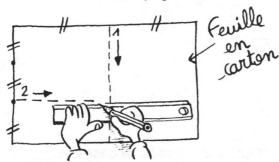

Feuille en carton

① *Tu fais 2 traits : 1 | = 2 parties égales*
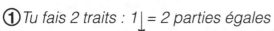
2 ⟶ = 3 parties égales

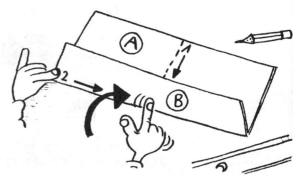

② *Tu plies la feuille sur le trait 2 ⟶*

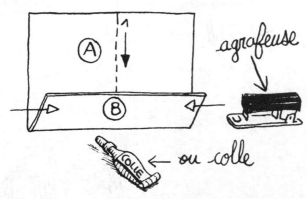

agrafeuse

← ou colle

③ *Tu fermes la partie Ⓑ sur la partie Ⓐ avec une agrafeuse ou de la colle.*

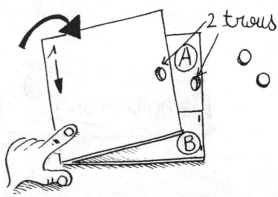

2 trous

④ *Tu plies la feuille sur le trait 1 ▼. Tu fais un trou dans chaque partie.*

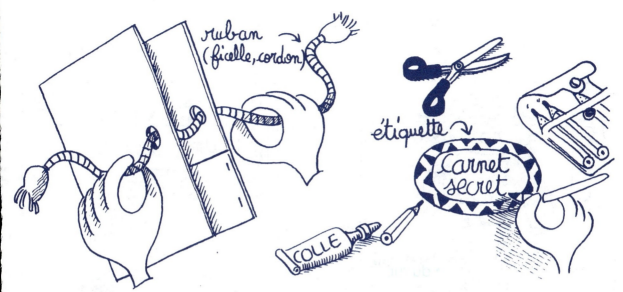

⑤ Tu mets le ruban (la ficelle…) dans les trous. Tu fais une étiquette.
Tu écris *carnet secret*. Tu fais des dessins avec les crayons de couleur.
Tu mets dedans les feuilles de cahier…

Attends la page 32

Attends la page 32

Montre au maître. Compare ton carnet secret avec les autres élèves.
Explique comment tu as fait.

Mariages de mots

Tu regardes les mots-images :

vert

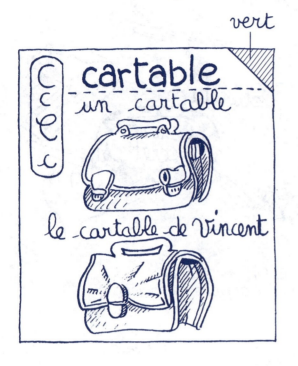

cartable
un cartable
le cartable de Vincent

jaune

école
une école
l'école de Julie

vert

le mécanicien
de Trampoline p35

jaune

la pharmacienne
de Trampoline p35

Regarde : triangle = **un, le, l'** vert   carré = **une, la, l'** jaune

Tu écris dans la bonne case les 4 mots-images de la p. 20 et les 6 mots :

marché • couleur • vétérinaire
triangle maison • avenue • infirmier
vert

un le, l'	_____ _____

carré
jaune

une la, l'	_____ _____

Tu regardes : tous les mots sont dans la boîte à mots-images ? Tu fais sur toutes les étiquettes de mots, un triangle vert **(un, le, l')** ou un carré jaune **(une, la, l')**.

Tu regardes ton petit dictionnaire et tu fais pareil.
Tu montres au maître.

Le code mystérieux

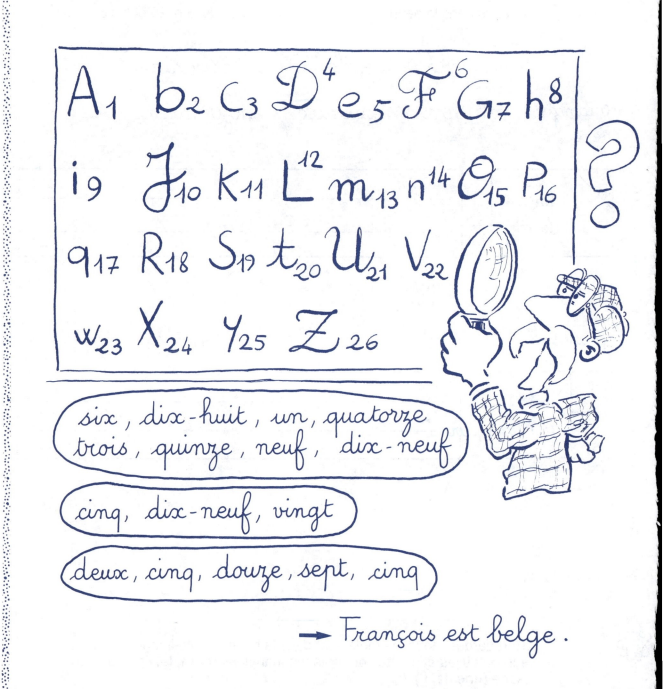

A₁ b₂ C₃ D⁴ e₅ F⁶ G₇ h⁸
i₉ J₁₀ K₁₁ L¹² m₁₃ n¹⁴ O₁₅ P₁₆
q₁₇ R₁₈ S₁₉ t₂₀ U₂₁ V₂₂
w₂₃ X₂₄ y₂₅ Z₂₆

six , dix-huit , un , quatorze
trois , quinze , neuf , dix-neuf

cinq, dix-neuf, vingt

deux, cinq, douze, sept, cinq

→ François est belge.

Tu regardes l'alphabet et les nombres. Tu lis les étiquettes et la phrase.

Voilà, tu as trouvé le code mystérieux !

À toi ! Tu cherches et tu écris la phrase :

sept, cinq, quatorze, cinq

seize, un, dix-huit, douze, cinq

un, quatorze, sept, douze, un, neuf, dix-neuf

_____

_____

_____

Tu lis la phrase à un ami de la classe.

Monsieur Diop habite à Paris.

Tu écris le code de la phrase :

_____

_____

_____

_____

_____

_____

Tu fais des codes mystérieux pour la boîte à malices.
Tu montres au maître.

Le garçon lit un livre de poèmes

Mets en ordre l'histoire.

a	b	c	d

Regarde, lis, complète.

Novembre gris comme... un nuage. . .

comme... une souris. . .

comme... tes yeux. . .

gris · grise
_____
_____
_____

📖 ✏️ Lis et dessine.

gris comme le ciel   gris.

gris comme la fumée   grise

gris comme Mistigri   le chat gris

gris comme la pluie   grise

📖 ◔   Lis et complète.

Décembre blanc comme...   la neige

blanc · blanche

comme...   le bonhomme de neige

_____

comme...   . . . .

_____

comme...   . . . .

_____

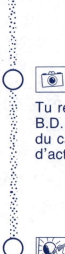

Les animaux de Monsieur Bertaux

Moi, je suis Jako

Tu regardes la B.D. p. **26** et **27** du cahier d'activités.

Tu colories les animaux sur les deux pages.

Combien y a-t-il d'animaux ?

_____

_____

Compare avec les autres.

Tu fais une étiquette pour chaque animal et tu la mets dans la boîte à mots-images.

le serpent

Tu dessines tous les animaux de monsieur Bertaux.

Merci, merci Monsieur Diop

Tu colories les enfants japonais.

Est-ce qu'ils se ressemblent comme deux gouttes d'eau (tu te souviens p. 12) ? Entoure la bonne réponse.

oui   non

Où habite le petit garçon japonais avec des lunettes ? Entoure la bonne réponse.

en France   à Tokyo   Boulevard des Italiens

au Japon   à Paris   Rue d'Alésia

                                    Rue des Écoles

La famille bleue , la famille verte

Tu colories la famille Bertaux avec le crayon de couleur bleue, la famille Favart avec le crayon de couleur verte.

Tu écris les noms sur une étiquette et tu les mets dans la boîte à mots-images.

Madame Bertaux

Monsieur Favart

Les animaux parlent aussi

Le 25 décembre c'est Noël !

Regarde :
les animaux parlent !
Tu écris dans les bulles.

Oh ! Chut !

Oh là là !

Youpi !

Brr...

Badaboum !

Attention !

Euh...

Oh my god !

Twow !

Twow !

Tu fais les étiquettes des bruits qu'on écrit (onomatopées).

Brr ...

Tu fais le petit dictionnaire des onomatopées.

Tu te souviens comment s'appelle la famille ?

C'est la famille _____

Tu sais où elle habite : à quel étage ? _____

à quel numéro ? _____

dans quelle rue ? _____

dans quelle ville ? _____

Alors, tu écris :

C'est _____,
elle _____ au _____,
au _____, à _____.

  Tu te souviens et tu cherches : qui habite en dessous ?

Maintenant, est-ce que tu connais toutes les familles qui habitent l'immeuble ?

  Tu les dessines et tu écris le nom de chacune. Tu peux t'aider en cherchant les étiquettes des mots et des noms dans la boîte à mots-images.

Ton carnet secret (suite)

Le maître explique et tu fais .

Sur une feuille, tu fais la fiche secrète Moi . Tu regardes et tu réponds aux questions. (Regarde dans TRAMPOLINE pp. 26, 27, 28…)

Tu mets une photo ou tu dessines.

Comment t'appelles-tu ?
Tu es de quelle nationalité ?
Tu habites où ?
Dans quelle ville ?
Dans quel pays ?

… et ce n'est pas fini ! Attends !

Sur une autre feuille, tu fais la fiche secrète « Ma famille ».

Père : Comment s'appelle-t-il ?
        Qu'est-ce qu'il fait ?

Mère : Comment elle s'appelle ?
        Qu'est-ce qu'elle fait ?

... et ce n'est pas fini ! Attends !

Sur une autre feuille, tu fais la fiche secrète « Mon école ».

Quelle est l'adresse de ton école ?
Dessine ton école.
Dans quelle classe es-tu ?
Dessine ta classe.

Tu fabriques ... un sablier ... pour compter le temps

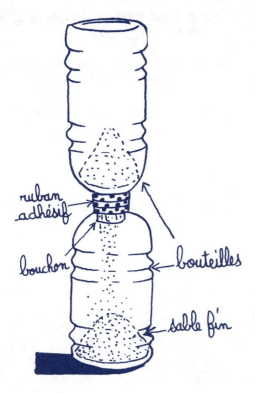

ruban adhésif

bouchon

bouteilles

sable fin

Tu fabriques avec
• 2 bouteilles en plastique (bien sèches)
• 1 bouchon
• du sable fin
(ou du sucre en poudre, ou de la semoule)
• du ruban adhésif.

Tu regardes, tu lis et tu fabriques.

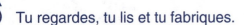

① Tu mets le sable fin (ou le sucre...) dans une bouteille.

② Tu fais un trou dans le bouchon. Tu le mets sur la bouteille Ⓐ.

③ Tu mets la bouteille Ⓑ sur la bouteille Ⓐ. Tu colles avec le ruban adhésif.

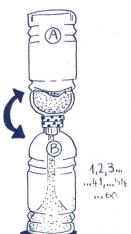

④ *Tu renverses le sablier et tu comptes de 1 à 60 ... plusieurs fois.*

⑤ *Sur une étiquette tu écris combien de fois il y a 60 = c'est le temps de ton sablier. Tu colles l'étiquette.*

*Exemple : le **temps** du sablier est le **temps** de compter 2 fois 60 + le **temps** de compter 35.*

Tu écris le **temps** de ton sablier :

$$. \times 60 + .$$

Tu expliques aux autres élèves comment tu as fait ton sablier ⊠.
Compte combien de temps : ⊠, ⊠ ⊠ ou ⊠ ⊠ ⊠ ?

Tu compares le temps de ton sablier avec celui des autres.

Qui va le plus vite ?

Une semaine : lundi, mardi, mercredi, jeudi, vendredi, samedi, dimanche

 Un satellite de la planète Terre, la Lune, a donné son nom à un jour de la semaine. Cinq planètes ont donné leurs noms aux jours de la semaine. Jacques, le cosmonaute, met les étiquettes sur chaque planète.

Tu complètes avec les autres jours :

Quel est le dernier jour de la semaine ? _____

En latin "dies" = jour. La syllabe "di" vient de là.

Tu te souviens des jours de la semaine. Tu les dis dans ta tête.

Qui a répondu le plus vite ?

 Souviens-toi :

le temps qui passe : lundi, mardi, mercredi… et **le temps** qu'il fait : la météo

       pluie

vent   nuages

Un jour ... une nuit ...

Tu écris la lettre qu'il faut dans chaque case des dessins.
Regarde l'exemple : [a] : le matin, elle se lève et elle se lave.

Dessine ce que tu fais les jours sans école. Montre aux autres.
Ils racontent ta journée.

1... et 2, 3, 4 ... plusieurs !

Tu te souviens ?

Vous regardez

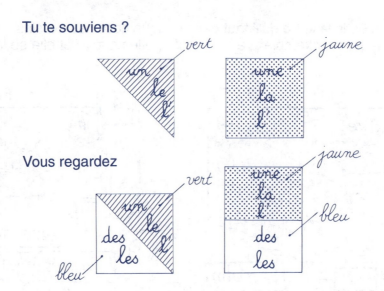

Vous expliquez au maître.

Tu regardes l'exemple et tu colories les autres avec du vert, du jaune et du bleu.

Tu lis les mots dans ta tête.

Tu complètes avec les mots :

le roi, l'avenue, des photos, les avenues, des garçons gourmands.

Tu écris les mots et tu colories chaque partie :

les rois   *une photo*   *un garçon gourmand*

Tu comptes combien de temps : ⊠, ⊠, ⊠, ⊠...

Vous prenez plusieurs fiches de la boîte à mots-images.
Vous écrivez, vous dessinez...
Vous faites pareil !

des filles
les filles japonaises

Regarde bien ce dessin. Qu'est-ce qui ne va pas ?
Dis pourquoi ?

Regarde le dessin dans TRAMPOLINE p. 48 et compare avec le dessin du cahier. C'est pareil ? Ce n'est pas pareil ?

Qui a gagné ?

1 à 5 :	5 à 8 :	8 à 10 :	10 :
assez bien	bien	très bien	excellent

Les photos mystérieuses

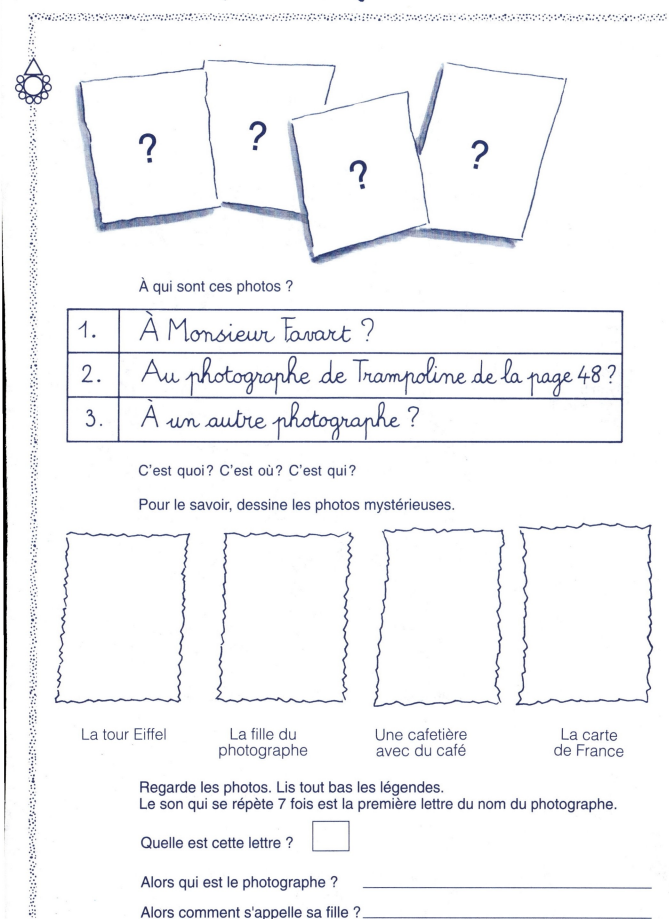

À qui sont ces photos ?

1.	À Monsieur Favart ?
2.	Au photographe de Trampoline de la page 48 ?
3.	À un autre photographe ?

C'est quoi? C'est où? C'est qui?

Pour le savoir, dessine les photos mystérieuses.

La tour Eiffel	La fille du photographe	Une cafetière avec du café	La carte de France

Regarde les photos. Lis tout bas les légendes.
Le son qui se répète 7 fois est la première lettre du nom du photographe.

Quelle est cette lettre ?

Alors qui est le photographe ? _____

Alors comment s'appelle sa fille ? _____

La journée du mercredi

Sur les 2 pages : 42 et 43 entoure

• avec un crayon jaune ce qui se déroule **avant midi** (le matin);

• avec un crayon rouge ce qui se déroule **après midi** (l'après-midi);

• avec un crayon bleu ce qui se déroule **le soir.**

Et ici, qui parle ?

Et là, qui parle ?

Que font les enfants le matin? Regarde et lis :

| Marc téléphone à Vincent et à Julie | Frédéric fait ses devoirs | Vincent lit une B.D. | Julie joue du saxo | et les chats veulent jouer ! |

À ton tour, raconte aux autres ce qui ce passe l'après-midi (regarde ce que tu as entouré en rouge).

Au cinéma.

Oh ! Qui est-ce ?

Fais les étiquettes des films que tu connais et mets-les dans la boîte à malices.

| La guerre des étoiles | | | |

Treize à table

Regarde
et réponds :

• Qui est la reine ?
Écris son nom :

_____

• Qui est le roi ?
Écris son nom :

_____

Entoure l'image
où les enfants
cherchent
la fève.

Souviens-toi : combien y a-t-il de personnes chez madame Martin,
pour tirer la galette des Rois. Entoure la bonne réponse :

• quinze   • treize

• douze   • onze

Colorie les personnages que tu préfères.

Oh ! Là, là !

Où est la crêpe ?

Colorie les images où tu vois:

• un œuf qui s'écrase **(splotch !)** sur le sol,

• la pâte à crêpes qui déborde sur la table,

• les traces des pas dans le salon,

• la crêpe qui tombe **(plof !)** sur la tête de monsieur Bertaux.

Petit dictionnaire des onomatopées.
Regarde bien la B.D. et recherche les bruits :

ZAP !   TWOW ! TWOW !   GRÔARRR   BZZZOU

Regarde dans TRAMPOLINE p. 43.

À ton tour, cherche ou invente d'autres onomatopées.
Compare avec les autres.

C'est carnaval...

○ Colorie le déguisement des enfants.

Regarde. Monsieur Favart est déguisé en breton.

Cherche qui est déguisé en :

- roi ?
- reine ?
- page ?
- alsacienne ?
- skieur ?
- fée ?
- bretonne ?

△○ Choisis un déguisement. Dessine-le. Écris le nom sur une étiquette et mets-le dans la boîte à mots-images.

Vincent est déguisé en skieur. Écris le nom de chaque partie de son déguisement. Regarde TRAMPOLINE, p. 55 et mets l'étiquette dans la boîte à mots-images.

... tout le monde se déguise !

Cherche dans **le petit dictionnaire des onomatopées** et complète les bulles.

Regarde bien les gestes et les mimiques des personnages.

Charade et rébus

① On prend un mot : *déjeuner*

② On dit le mot dans sa tête.

On découpe le mot en syllabe :

on entend : *dé / jeu / ner*

③ On trouve un mot pour chaque syllabe :

/dé/ = un dé
/jeu/ = un jeu
/ner/ = un nez

- Pour la **charade,** on trouve une définition pour chaque petit mot et pour le mot entier :

- *un dé* :.......... on prend mon 1er pour jouer avec les autres.

- *un jeu* :.......... on joue avec mon 2e. Il est p. 13, 20, 31… dans TRAMPOLINE.

- *un nez* :......... on voit mon 3e sur la figure.

- *le déjeuner* : ... on prend mon tout à midi, en France. Le matin, il est petit.

- Pour le **rébus,** on fait un dessin pour chaque petit mot et pour le mot entier :

☒ À vous ! Vous regardez les dessins et les définitions. Vous trouvez les syllabes et le mot, très vite :

• On boit mon 1er. On fait mon 1er avec des fruits. _____

• On dort dans mon 2e. _____

• Mon tout est une fille de la B.D. _____

☒ combien ? [   ]

Vous dessinez le rébus :

Avec les autres élèves, tu trouves des charades et des rébus.
Tu montres au maître. Tu mets tout dans la boîte à malices.

TRAMPOLINE

Tu fabriques ... un théâtre d'ombres pour raconter, trouver, jouer ...

Fabrique avec
- 3, 4... feuilles en carton
- 1 feuille de papier (calque, machine)
- du ruban adhésif
- des ciseaux, des crayons... *papier calque*
- une lampe

Regarde, lis et fabrique.

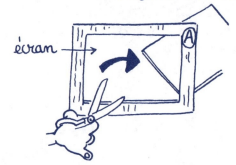

① Découpe une fenêtre dans une feuille en carton Ⓐ. C'est l'**écran.**

② Coupe l'autre feuille en carton en 2 parties égales : Ⓑ, Ⓒ

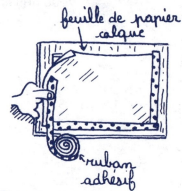

③ Colle la feuille de papier calque sur l'écran Ⓐ avec du ruban adhésif.

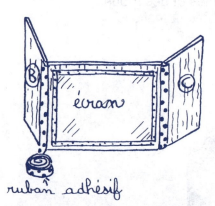

④ Colle les parties Ⓑ et Ⓒ sur l'écran avec du ruban adhésif.

⑤ Dessine un personnage sur une feuille en carton. Découpe. Colle un morceau de carton sur le personnage découpé = c'est une marionnette !

6 *Mets une lumière derrière toi et le théâtre d'ombres.*
Mets ta marionnette… et raconte une histoire !

Invente une histoire avec plusieurs personnages. Raconte l'histoire
avec les marionnettes derrière ton théâtre d'ombres. Les autres trouvent
tes personnages.

et ce n'est pas fini ! Attends !

Après, on va fabriquer avec Zazou un hibou pour le théâtre d'ombres.
Invente une histoire.

Les cinq sens

Regarde.

Regarde bien les dessins de la page 52. Fais une (ou plusieurs) croix dans le tableau pour chaque dessin.

	entendre	*goûter*	*sentir*	*toucher*	*voir*
1.					
2.					
3.					
4.					
5.					

☒ ☒ Compte 2 sabliers.

Relie les signes avec les phrases qu'il faut :

| *je regarde, je lis… avec mes yeux.* | *tu parles, tu dis… avec ta bouche.* | *on écoute, on entend… avec ses oreilles.* | *j'écris, je dessine… avec mes mains.* |

… et avec tes jambes, qu'est-ce que tu fais ? Complète le dessin.

avec mes jambes, je …

_____

_____

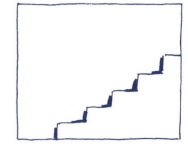

charade

on regarde mon 1er au salon
mon 2e n'est pas vrai
mon 3e est une partie du visage
on fait mon tout avec les oreilles et la bouche

Fais des mots croisés, des mots cachés avec les parties du corps.

Je cherche et nous cherchons, tu cherches et vous cherchez…

Tu regardes les dessins. Tu fais une croix ☒

① Qu'est-ce qu'ils font ?

Ils font un gâteau au yaourt. ☐

Ils font un pain au chocolat. ☐

Ils font une galette des rois. ☐

② Qu'est-ce qu'ils mangent ?

Ils mangent une tarte aux pommes. ☐

Elles mangent une tartine de pain. ☐

Ils mangent une tartine de pain avec de la confiture. ☐

C'est sucré ou c'est salé ?

Tu écris la réponse :

_____

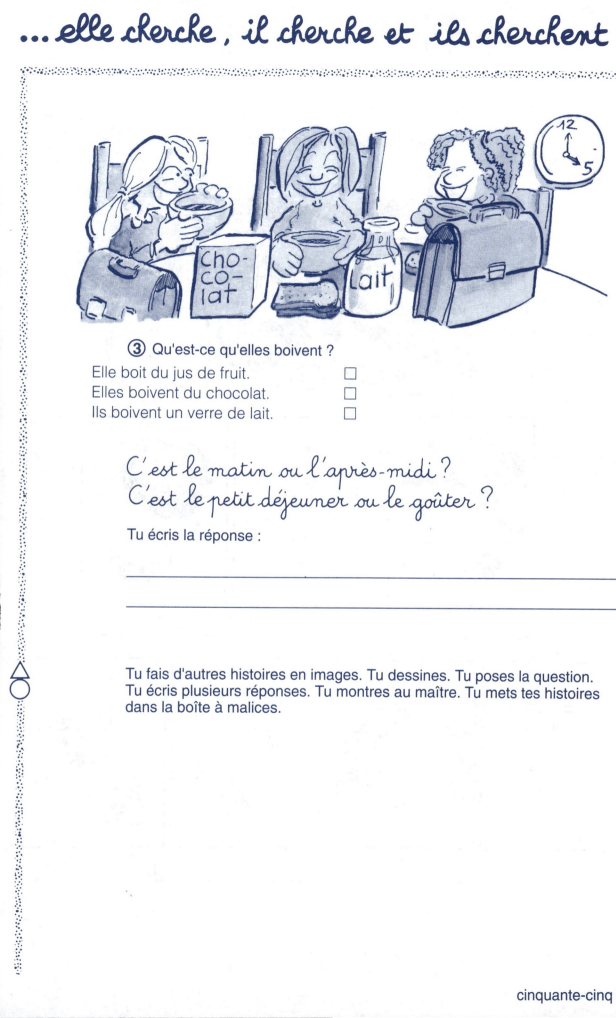

③ Qu'est-ce qu'elles boivent ?

Elle boit du jus de fruit. ☐
Elles boivent du chocolat. ☐
Ils boivent un verre de lait. ☐

C'est le matin ou l'après-midi ?
C'est le petit déjeuner ou le goûter ?

Tu écris la réponse :

_____

_____

Tu fais d'autres histoires en images. Tu dessines. Tu poses la question.
Tu écris plusieurs réponses. Tu montres au maître. Tu mets tes histoires
dans la boîte à malices.

Pour jouer avec Zazou

Souviens-toi et complète.

Dans la trousse de Zazou, il y a tout :

des _____   des _____   et des _____

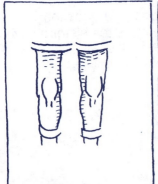   

des _____   des _____   des _____   des _____

C'est fou !

Tu ne sais plus ?
Va voir à la page 66 de TRAMPOLINE.

Zazou lit un livre sur les animaux.

Quel est l'animal le plus rapide ?

Quel est l'animal le plus lent ?

Qui va le plus vite, le zèbre ou le zébu ?

Quel est l'animal le moins rapide, le gorille ou l'éléphant ?

La gazelle 95 km à l'heure

Le lion 85 km à l'heure

Le zébu 50 km à l'heure

Le gorille 20 km à l'heure

Le zèbre 75 km à l'heure

L'éléphant 40 km à l'heure

La girafe 55 km à l'heure

Le kangourou 45 km à l'heure

Le crocodile 45 km à l'heure

Dans le livre de Zazou, il y a tout...

– Oui, il y a tous les animaux d'Afrique !
– D'Afrique ?! mais non !

Cherche l'erreur.

Où est Boudu ?

Attention !
Regarde bien
toutes les pages :
58, 59, 60, 61 du
cahier.

Entoure toutes
les images qui
se passent
• **le soir** avec un
crayon bleu
• **la nuit** avec un
crayon noir.

Entoure toutes
les images qui
se passent
le matin avec un
crayon jaune.

Entoure toutes
les images qui
se passent
l'après-midi
avec un
crayon rouge.

Maintenant, à toi,
complète.

Chez les Favart, au salon

Au revoir, Gene. Vous savez où sont les chambres des enfants, n'est-ce pas ?

Oui, je sais. Merci. Oh, s'il vous plaît, où est là télévision ?

Là, dans le salon, à droite. Au revoir.

Dans la chambre de Julie

Qu'est-ce que tu fais ?

Je ne sais pas... Euh... Un joli petit bonhomme... Où sont mes crayons de couleurs ?

Là, regarde, à côté du saxo ...

Non, derrière

Bon, j'ai sommeil, je vais me coucher. Tu viens, Médora ?

Bonne nuit !

Chut ! ne réveille pas Gene... Elle dort

zzzzzzz

Sur les pages 58, 59, 60 et 61 complète les pendules

Boudu, où vas-tu ?

C'est où la porte de la chambre ?

Dans le couloir

Pff... Il fait chaud ici !

Il entre dans la cuisine.

Mais dans quelle pièce je suis ici ?

Il sort de la cuisine. Il va au salon...

Oh là, là, il y a quelqu'un !

Oh pardon... Où sont mes lunettes ?

Là, sous le canapé, Gene.

Oh là, là... J'ai peur !

Colorie Boudu avec les couleurs que tu aimes.

Où est caché Boudu ?

Pourquoi ?

Écris sur des étiquettes les différentes pièces de la maison où va Boudu.

la chambre			

Et mets-les dans la boîte à mots-images.

Boudu est perdu

Cherche Boudu :

Il n'est plus
dans
l'appartement,
en haut,

il est ...

_____

_____

Il n'est plus
dans l'escalier,

il est ...

_____

_____

Boudu est trop
petit, il ne peut
pas . . .

_____

Tu sais téléphoner ?
Imagine la conversation entre Boudu et Julie. Et joue-la à tes
camarades.

Boudu est retrouvé

D'où vient Boudu ?

Souviens-toi et raconte à tes camarades.

Colorie Boudu.

Recherche dans la boîte à mots-images les noms des couleurs et dessine le pays des couleurs.

A quelle heure, le déjeuner ?

Quel jour sommes-nous ?

As-tu vu Boudu ?

Regarde bien la B.D. Réponds dans ta tête.

• Où va-t-il ?

• Avec qui ?

• Que va-t-il manger ?

• Qui va payer l'addition ?

• Qui accroche un poisson dans le dos du serveur ?

Regarde bien, combien coûte le menu diététique ? Écris la réponse :

Quels sont tes goûts ?

• Qu'est-ce que tu préfères, le salé ou le sucré ? Aide-toi en cherchant dans la boîte à mots-images les noms des aliments et des plats.

• Dessine ton menu préféré et affiche-le dans la classe.

Petit dictionnaire des mimiques et des gestes

Regarde bien ces images de Boudu et écris ce que Boudu ressent et pense.

Et lui, pourquoi crie-t-il ?
Imagine ce qu'il pense et raconte aux autres.

et ton dictionnaire des mimiques ... ça va ?

Ton carnet secret *(suite)*

Le maître explique et tu fais 2 autres fiches secrètes.

Sur une feuille, fais ta fiche secrète
« Mes repas ». Écris ce que tu
manges, ce que tu bois et fais
un dessin.

Le matin, qu'est-ce que tu
manges?
Tu ne bois pas?
À midi, tu manges sucré?
Est-ce que tu prends un goûter?
Et le soir?

et ce n'est pas fini. Attends !

Sur une autre feuille, fais ta fiche secrète « Mes activités » . Écris le nom de l'activité et fais un dessin.

Qu'est-ce que tu fais après l'école?
Qu'est-ce que tu fais quand tu ne vas pas à l'école?
Est-ce que tu lis, tu fais de la musique, tu regardes la télévision... quoi d'autre?

Et tes fiches « Moi », « Ma famille », « Mon école » ?

Fais - ton portrait
    - le portrait de ton père, de ta mère…
    - le portrait de ton maître…

Dessine les pièces de ta maison.

Écris - ton numéro de téléphone
    - le numéro de téléphone de tes amis
    - ce que tu fais à l'école…

et ce n'est pas fini !

TRAMPOLINE

Les boîtes de Trampoline (suite)

Tu regardes dans « *la boîte à malices* »

• Dans les **jeux** tu as fait combien de

   - mots cachés ? ☐

   - mots croisés ? ☐

   - charades, rébus, devinettes ? ☐

• Dans les **comptines** et les **chansons** tu as écrit et illustré combien de

   - comptines ? ☐

   - chansons ? ☐

• Tu as inventé, écrit, illustré combien d'**histoires** ? ☐

elle se lève   elle travaille   elle joue

Dans « *la boîte à mots-images* », tu as mis combien de

- **mots ?** ☐
- **personnages ?** ☐
- **photos (lieux)** ☐

Tu n'as pas oublié ?

vert *jaune*

bleu *bleu*

Les mots-images sont-ils classés ?
Tu expliques aux autres ou tu choisis un classement.

... *et ton petit dictionnaire ?*
... *et ton dictionnaire des onomatopées ?*

(Regarde p. 28.)

JANVIER	FÉVRIER	MARS	AVRIL	MAI	JUIN
☀ 7 h 46 à 16 h 02	☀ 7 h 23 à 16 h 46	☀ 6 h 35 à 17 h 32	☀ 5 h 31 à 18 h 19	☀ 4 h 33 à 19 h 04	☀ 3 h 54 à 19 h 43
1 M J. AN 01	1 V Ella	1 V Aubin	1 L Hugues 14	1 M F. TRAV.	1 S Justin
2 M Basile	2 S Présentat.	2 S Charles le B.	2 M Sandrine	2 J Boris	2 D Fête Dieu
3 J Geneviève	3 D Blaise	3 D Guénolé	3 M Richard	3 V Jacq./Phil.	
4 V Odilon			4 J Isidore	4 S Sylvain	3 L Kévin 23
5 S Edouard	4 L Véronique 06	4 L Casimir 10	5 V Irène	5 D Judith	4 M Clotilde
6 D Épiphanie	5 M Agathe	5 M Olive	6 S Marcellin		5 M Igor ☾
	6 M Gaston ☾	6 M Colette	7 D J.-B. d.l.S. ☾	6 L Prudence 19	6 J Norbert
7 L Raymond ☾ 02	7 J Eugénie	7 J Félicité		7 M Gisèle ☾	7 V Gilbert
8 M Lucien	8 V Jacqueline	8 V Jean de D. ☾	8 L Julie 15	8 M VICT. 1945	8 S Médard
9 M Alix	9 S Apolline	9 S Françoise	9 M Gautier	9 J ASCENSION	9 D Diane
10 J Guillaume	10 D Arnaud	10 D Vivien	10 M Fulbert	10 V Solange	
11 V Paulin			11 J Stanislas	11 S Estelle	10 L Landry 24
12 S Tatiana	11 L N.D. Lourdes 07	11 L Rosine 11	12 V Jules	12 D F. J.-d'Arc	11 M Barnabé
13 D Yvette	12 M Mardi Gras	12 M Justine	13 S Ida		12 M Guy ●
	13 M Cendres	13 M Rodrigue	14 D Maxime ●	13 L Rolande 20	13 J Antoine P.
14 L Nina 03	14 J Valentin ●	14 J Mathilde		14 M Matthias ●	14 V Elisée
15 M Remi ●	15 V Claude '	15 V Louise de M.	15 L Paterne 16	15 M Denise	15 S Germaine
16 M Marcel	16 S Julienne	16 S Bénédicte ●	16 M Benoît J.	16 J Honoré	16 D J.-F.-Régis.
17 J Roseline	17 D Carême	17 D Patrice	17 M Anicet	17 V Pascal	
18 V Prisca			18 J Parfait	18 S Eric	17 L Hervé 25
19 S Marius	18 L Bernadette 08	18 L Cyrille 12	19 V Emma	19 D PENTECÔTE	18 M Léonce
20 D Sébastien	19 M Gabin	19 M Joseph	20 S Odette		19 M Romuald ☽
	20 M Aimée	20 M Herbert	21 D Anselme ☽	20 L Bernardin. ☽ 21	20 J Silvère
21 L Agnès 04	21 J P. Damien ☽	21 J Clémence		21 M Constantin	21 V Rodolphe
22 M Vincent	22 V Isabelle	22 V Léa	22 L Alexandre 17	22 M Émile	22 S Alban
23 M Barnard ☽	23 S Lazare	23 S Victorien ☽	23 M Georges	23 J Didier	23 D Audrey
24 J Franç. Sales	24 D Modeste	24 D Rameaux	24 M Fidèle	24 V Donatien	
25 V C. Paul			25 J Marc	25 S Sophie	24 L Jean-Bapt. 26
26 S Paule	25 L Roméo 09	25 L Annonciat. 13	26 V Alida	26 D F. des Mères	25 M Prosper
27 D Angèle	26 M Nestor	26 M Larissa	27 S Zita		26 M Anthelme
	27 M Honorine	27 M Habib	28 D J. du Souv. ○	27 L Augustin 22	27 J Fernand ○
28 L Th. d'Aq. 05	28 J Romain ○	28 J Gontran		28 M Germain ○	28 V Irénée
29 M Gildas	COMPUT 1991	29 V Gwladys	29 L Catherine 18	29 M Aymard	29 S Pierre/Paul
30 M Martine ○	Nombre d'or 16. Cycle solaire 12	30 S Amédée ○	30 M Robert	30 J Ferdinand	30 D Martial
31 J Marcelle	Épacte 14. Lettre dominicale F	31 D PÂQUES		31 V Visitation	
	Indication romaine 14		Printemps : 21 mars		Été : 21 juin

1991

JUILLET	AOÛT	SEPTEMBRE	OCTOBRE	NOVEMBRE	DÉCEMBRE
☀ 3 h 53 à 19 h 56	☀ 4 h 25 à 19 h 28	☀ 5 h 08 à 18 h 33	☀ 5 h 51 à 17 h 29	☀ 6 h 38 à 16 h 30	☀ 7 h 24 à 15 h 55
1 L Thierry 27	1 J Alphonse	1 D Gilles ☾	1 M Thér. E-J ☾	1 V TOUSSAINT	1 D Avent
2 M Martinien	2 V Julien-Ey.		2 M Léger	2 S Défunts	
3 M Thomas	3 S Lydie ☾	2 L Ingrid 36	3 J Gérard	3 D Hubert	2 L Viviane 49
4 J Florent	4 D J-M. Vian.	3 M Grégoire	4 V Franç. d'As.		3 M Xavier
5 V Antoine ☾		4 M Rosalie	5 S Fleur	4 L Charles B. 45	4 M Barbara
6 S Mariette	5 L Abel 32	5 J Raïssa	6 D Bruno	5 M Sylvie	5 J Gérald
7 D Raoul	6 M Transfigurat.	6 V Bertrand		6 M Bertille ●	6 V Nicolas ●
	7 M Gaétan	7 S Reine	7 L Serge ● 41	7 J Carine	7 S Ambroise
8 L Thibaut 28	8 J Dominique	8 D Nat. N-D ●	8 M Pélagie	8 V Geoffroy	8 D Im. Concept.
9 M Amandine	9 V Amour		9 M Denis	9 S Théodore	
10 M Ulrich	10 S Laurent ●	9 L Alain 37	10 J Ghislain	10 D Léon	9 L Pierre F. 50
11 J Benoît ●	11 D Claire	10 M Inès	11 V Firmin		10 M Romaric
12 V Olivier		11 M Adelphe	12 S Wilfried	11 L VICT. 1918 46	11 M Daniel
13 S Henri-Joël	12 L Clarisse 33	12 J Apollinaire	13 D Géraud	12 M Christian	12 J Jeanne F.C.
14 D FÊTE NAT.	13 M Hippolyte	13 V Aimé		13 M Brice	13 V Lucie
	14 M Evrard	14 S Sainte-Croix	14 L Juste 42	14 J Sidoine ☽	14 S Odile ☽
15 L Donald 29	15 J ASSOMPT.	15 D Roland ☽	15 M Th. d'Av. ☽	15 V Albert	15 D Ninon
16 M ND Mt Car.	16 V Armel		16 M Edwige	16 S Marguerite	
17 M Charlotte	17 S Hyacinthe ☽	16 L Edith 38	17 J Baudouin	17 D Elisabeth	16 L Alice 51
18 J Frédéric ☽	18 D Hélène	17 M Renaud	18 V Luc		17 M Gaël
19 V Arsène		18 M Nadège	19 S René	18 L Aude 47	18 M Gatien
20 S Marina	19 L J. Eudes 34	19 J Emilie	20 D Adeline	19 M Tanguy	19 J Urbain
21 D Victor	20 M Bernard	20 V Davy		20 M Edmond	20 V Abraham
	21 M Christophe	21 S Matthieu	21 L Céline 43	21 J Prés. N.D.	21 S Pierre C. ○
22 L Mar.-Mad. 30	22 J Fabrice	22 D Maurice	22 M Elodie	22 V Cécile	22 D Franç.-Xav.
23 M Brigitte	23 V Rose de L.		23 M J. de C. ○	23 S Clément	
24 M Christine	24 S Barthélémy	23 L Constant ○ 39	24 J Florentin	24 D Flora	23 L Armand 52
25 J Jacques	25 D Louis ○	24 M Thècle	25 V Crépin		24 M Adèle
26 V Ann.,Joa. ○		25 M Hermann	26 S Dimitri	25 L Cath. L. 48	25 M NOEL
27 S Nathalie	26 L Natacha 35	26 J Côme/D.	27 D Emeline	26 M Delphine	26 J Etienne
28 D Samson	27 M Monique	27 V Vinc. de P.		27 M Séverin	27 V Jean
	28 M Augustin	28 S Venceslas	28 L Sim., Jude 44	28 J Jacq. M. ☾	28 S Innocents ☾
29 L Marthe 31	29 J Sabine	29 D Michel	29 M Narcisse	29 V Saturnin	29 D David
30 M Juliette	30 V Fiacre		30 M Bienvenue ☾	30 S André	
31 M Ignace de L.	31 S Aristide	30 L Jérôme 40	31 J Quentin		30 L Roger
		Automne : 23 septembre		Hiver : 22 décembre	31 M Sylvestre

Qui sont tous ces enfants ?

Qu'est-ce qu'ils lisent tous ?

Cherche les réponses dans
le calendrier.

Regarde et complète :

1	le 1-7	Thierry	T
2	le 15-9		
3	le 24-12		
4	le 25-4		
5	le 17-3		
6	le 20-4		
7	le 25-8		
8	le 22-2		
9	le 6-12		
10	le 22-5		

Regarde et lis tout bas :

Le premier juillet, c'est la fête de Thierry ——▶ T
Le quinze septembre, c'est la fête de R.. . ——▶ R

Continue...

Et la Saint-Jako, c'est quand ?

« C'est ... quand les poules auront des dents ! »

· 49 ATZ 75 ·

En France, le dernier nombre des plaques d'immatriculation des voitures est le numéro du département dans lequel on habite.
La plaque de la voiture de la famille Bertaux est 49 ATZ 75.
75 = PARIS
PARIS est comme un département.

Regarde sur la carte de France. Regarde les plaques et souviens-toi.
(Regarde dans TRAMPOLINE p. 29, 34).

Trouve le plus vite possible.
Après compare avec les autres élèves.

À qui sont les voitures ?

100 GX 69	C'est la voiture de _____
85 ABC 67	_____
93 VZ 76	_____

93 VZ 76

Maintenant, invente 3 personnages français : trouve les noms, les prénoms, les adresses (n'oublie pas le département), les métiers... Fais leur portrait... Dessine-les.
Ecris la plaque d'immatriculation de la voiture de chacun.

Présente tes personnages aux autres sans montrer tes dessins. Ils les dessinent, ils dessinent leur voiture... et ils écrivent les plaques d'immatriculation qu'il faut.

Carte : Patrick Mérienne

Jouons avec le temps

Il fait mauvais temps

Quel temps fait-il ?

Il fait beau temps

Pour le savoir, relie les points dans l'ordre de l'alphabet et réponds par oui ou non.

Il y a du soleil ?	
Il y a du vent ?	
C'est un éclair ?	
Il y a de l'orage ?	

Il y a du soleil

Il y a du vent

Il y a de l'orage

Et ici ? _____

Pour le savoir, trouve le rébus.

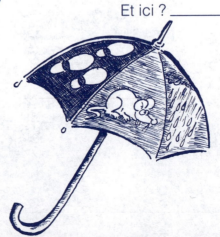

Le temps qui passe ...

Regarde dans TRAMPOLINE, à la page 83, et ce dessin.

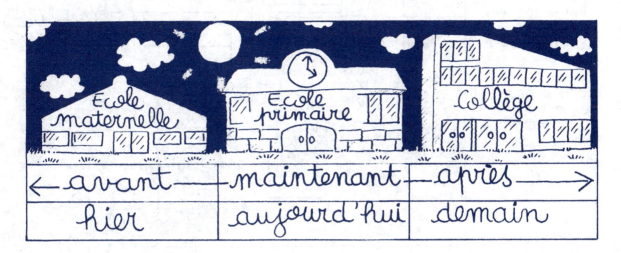

Lis et explique…

avant	maintenant	après
bébé	maman	grand-mère
mouton	laine	pull
blé	farine	pain
bourgeon	fleur	fruit
l'hiver	le printemps	l'été

À toi ! Dessine 3 images du "temps qui passe".

Les couleurs de la journée

En Mai, fais ce qu'il te plaît !

Alors **tu joues** avec tes camarades au jeu "d'un peu, beaucoup, passionnément, à la folie, pas du tout !"

Regarde et réponds :

mets une croix dans la bonne case.

• Y a-t-il des gens dans la rue ?

– un peu ☐
– beaucoup ☐
– pas du tout ☐

Oh !
Le gourmand !
Montre-la.

• Aimes-tu le muguet ?

– un peu ☐
– beaucoup ☐
– passionnément ☐
– à la folie ☐
– pas du tout ☐

Vincent aime-t-il le gruyère ? **Écris :** _____

Devinette
Fais deviner aux autres ce que tu aimes à la folie et ce que tu n'aimes pas du tout. Qui a deviné le premier ?

Et Vincent, il fait ce qu'il lui plaît ?

Explique le titre à tes camarades en t'aidant des images.

Oh !
Le gourmand !
Montre-le.

Un dessin de plus dans le dictionnaire des mimiques et des gestes !

Imagine ce que pense Médora.

Imagine ce que pense la maman de Vincent.

Petite comptine, tu commences et il continue.

Je t'aime un peu, beaucoup, passionnément, à la folie, pas du tout...
Je l'aime _____
On s'aime _____

Jeu de mimes
Médora mime si elle aime, un peu, beaucoup, pas du tout…

Tu devines.

L'école est finie !

"*Vive
les vacances !
A bas
les pénitences,
les cahiers
au feu,
les maîtresses
au milieu !*"

Oh !

○ Colorie les enfants qui vont en colonie de vacances.

△ Et compare avec tes camarades.

△ Encore des images pour le dictionnaire des mimiques et des gestes : à toi!
Tu en trouves combien? Compare avec les autres.

Quels drôles de chapeaux !

Pourquoi ?
Réponds dans ta tête.

Regarde et entoure la tête de Vincent.

Quelle tête il fait. Pourquoi ?
Réponds dans ta tête.

Encore des dessins pour ton dictionnaire des mimiques et des gestes !

Ici, sur cette image colorie Julie, Vincent, Marc et Frédéric.

Complète les bulles

Recherche la Savoie sur la carte de France :
C'est en haut ?
C'est en bas ?
C'est à gauche ?
C'est à droite ?

Petit poème :

Grand branlebas
Au 21, rue d'Alésia
Tout en haut, tout en bas,
Les enfants se sont levés tôt
Ils vont partir à la colo
La la la, la la la, quelle joie!
La la la, vive la Savoie!

Alors le concours de poésie !

À la colo !

Colorie les images où les enfants sont en camping, à la colo.

Ils sont contents ?

Que font-ils ?

Pourquoi ?

Réponds dans ta tête.

- Au bord de la mer, est-ce que tu vois la famille Favart ?
- Peux-tu lire la carte de madame Favart à madame Martin ?
- Qu'en penses-tu ?

- Vincent écrit une carte à sa grand-mère, il lui dit ce qui se passe **réellement**.

Imagine le texte de la carte postale. Écris-la. Et compare avec tes camarades.

Nous, on lit DOMINO

Qu'est-ce que c'est ?

_____

Compare le sommaire de DOMINO
avec le sommaire de TRAMPOLINE.

pareil	*pas pareil*
_____	_____
_____	_____
_____	_____
_____	_____
_____	_____

Donne ton avis sur TRAMPOLINE.

super ☐
bien ☐
bof ! ☐

Écris ce que tu as préféré dans
TRAMPOLINE.

_____
_____
_____
_____

Écris ce que tu n'as pas aimé dans
TRAMPOLINE.

_____
_____
_____
_____

Compare avec les autres élèves. Alors… d'accord ?… pas d'accord ?

Conception graphique : STRATUS - Evelyn Audureau
Couverture : Christian Amould et STRATUS
Fabrication : Pierre David
Édition : Michèle Grandmangin
N° d'éditeur : 10052097 - (XI) - (84,5) - OSBN-80
Imprimé en France.
par Mame Imprimeurs à Tours (n° 98112093)